가족의 그늘

김성렬 시집

시인동네 시인선 226   김성렬 시집

가족의 그늘

시인동네

시인의 말

해마다 봄이 되면
지천에 흐드러지게 피는 게 꽃인데
그걸 꽃이라 부르지 못한 채
골방 서재에 앉아 자수를 놓듯
백지 위에 문장을 쓰다 지우고, 다시 끄적이느라
그새 하얗게 낡아버린 내게
미안하고 또 미안하다.
용서의 손을 내민다.

2024년 2월
김성렬

차례

시인의 말

제1부

꽃 · 13

마지막 선물 · 14

문장 · 15

호객 · 16

첫마디 · 18

가족의 그늘 · 19

칭찬 · 20

오점 · 21

미혼모 · 22

입동(立冬) · 24

행복한 고민 · 25

밥상 · 26

병원 문턱은 높다 · 28

계보 · 29

봄이 오는 길목 · 30

연민 · 31

따순 밥 · 32

제2부

초년생 · 35

뇌졸중 · 36

동거 · 38

안전지대는 없다 · 39

곡예사들 · 40

뒤늦은 깨우침 · 42

걱정 한 짐 · 43

빚 · 44

마네킹 · 45

건조주의보 · 46

보름달 · 48

12월 · 49

허수아비 · 50

상갓집 · 51

십자가를 짊어지다 · 52

괜한 걱정 · 53

종소리 · 54

제3부

죽비 · 57

고물상 · 58

키스 · 59

별꽃이 지는 이유 · 60

할미꽃 · 62

하이에나 · 63

교감 · 64

마지막 외출 · 66

언어의 장벽 · 67

패습 · 68

도배 · 69

화해 · 70

봄 · 71

토요일 · 72

창업 · 73

작금 · 74

제4부

송충이 · 77

나비의 꿈 · 78

오케스트라 · 80

고향은 무죄 · 81

눈물의 이별 · 82

휴식 · 83

꿈 · 84

양파 · 85

초대장 · 86

마음의 눈 · 88

투견장 · 89

난상 토론 · 90

확인 · 91

추락하는 새는 날개를 펴지 않는다 · 92

서막 · 93

빈손 · 94

해설 매 순간, 심원한 사랑 · 95
  신상조(문학평론가)

제1부

꽃

태어난 날부터 곁에는
세상에 단, 한 송이뿐인 꽃이
바람도 없이 이리저리 꽃대궁 흔들며
화알짝 피어 있었습니다
그 꽃송이 보살핌 속에
어린 꽃송이가 무럭무럭 자라 스스로
거친 세상과 맞설 때까지 곁에 피어 있으리라
믿었던 그 꽃이 어느 날
한 송이 꽃이 지듯 스르르 졌습니다
홍일점(紅一點) 꽃이 지니
우락부락 남정네뿐인 집안은 오랫동안
웃음소리 없이 침울했습니다
꽃이 진 뒤에야 그 꽃이
아름다운 걸 뒤늦게 알았습니다
나이 든 요새는 문득문득
그 꽃이 그립습니다

마지막 선물

아버지 겉모습 손은
거칠고 볼품없고 투박해도
손은 도깨비방망이

네가 말 꺼내면
산이나 하늘 올려다보며
풍광 참 좋다, 딴청 피우시던 아버지
그게 뭐든 뚝딱! 만들어 주시며
어디 쓰느냐 꼬치꼬치 캐묻지도 않으신 채
손에 돈을 듬뿍듬뿍 쥐여 주시며
칭찬과 용기도 주셨다

아버지 돌아가실 땐
내게 마지막 선물이라며
관(棺)을 주고 가셨다

문장

오늘도 어제처럼
희망이 절망으로 바뀌는 오후
끼리끼리 깔깔거리며 또각또각
걸어가는 미시족 앞질러 걸었다
붉은 노을이 산등성이에 똬리를 틀고 앉을 때
고즈넉한 찻집에 마주 앉아
체념한 사람처럼 얘기하던 그가 넌지시 말을 건넨다
시간을 쪼개 시집 한 권 묶는 동안
첫 문장 쓸 때가 설레더란다
시집 펼치니 책갈피 속에
그가 고뇌하며 쓴 문장들 낱낱이 목도했다
찻집을 나선 그와 나는 서로
갈 길이 달랐으므로 살푼 내려앉은
어둠 속을 참방참방 걸었다

호객

하루를 갈무리하는 오후
바람에 흔들리는 나무처럼
흔들리며 마을로 들어서는 삼거리
달달한 얼음골 사과 한 상자를 이만 원에 팝니다
폐차장 가야 할 고물 터럭에서
목소리 걸걸한 한 사내가 호객을 한다
거짓부렁 아니면 억수로 싸다
미심쩍어하면서 걸음은 이미 터럭을 향해 걷고 있었다
눈치 빠른 중년의 사과 장수 그이가
접시에 깎아놓은 사과 한쪽을 건넨다
짐칸에 차곡차곡 실어놓은 사과 상자를 열자
빛깔 불콰한 사과가 군침 흘리게 한다
일찍 저녁을 먹고 출출해
사과를 깎아 한입 베어 먹는데
그이가 깎아 건넨 사과 속에는
산새 수려한 얼음골 바람 소리, 계곡 물소리,
산새 우짖는 소리 다 들어 있었는데
내가 깎은 사과 속에는

아무것도 들어 있지 않았다
끝이 보이지 않는 코로나 탓일까
사과 상자를 캄캄한 베란다 구석에 밀며
삶이 얼마나 힘들면 그랬을까
사과 장수를 이해했다

첫마디

알몸으로 태어난 내가
엄마 품 안에 안겨 자라던 어느 날
세상에 외친 첫마디는 엄마였다
그런 날 안고 엄마는 세상을 다 얻은 듯
기뻤다는 얘기를
본가 들렀을 때 가족들 앞에
자분자분 털어놓으시던 어머니
내가 분가해서 사는 내내
당신 몸 간수할 겨를도 없이 모든 걸 다 내어주셨다
그래 놓고 돌아가실 때
임종 지키는 내게 하신 유언은
아들아, 못난 어미 용서해라
미안하다, 하셨다
엄마의 사랑이란 그렇다
땀방울 한 방울까지 자식에게 주고
아쉬운 그게 이 세상 모든
엄마들의 자식 사랑이다

가족의 그늘

할머니 혼자 사는 집 앞을 지날 때
이마가 벗겨진 중년의 한 남자를 보았다
그가 궁금한 오후, 찬거리 사러
노천에서 마주친 할머니께 넌지시 물었다
팔순이 넘은 할머니 안쓰러워
노모 대하듯 살갑게 대한 내게 집안의 내력들
더듬더듬 털어놓는 할머니
하는 것마다 매번 실패한 장남이란다
비싸다 좀 깎자 아니다 싸다
한 푼이 아쉬워 찬거리 흥정하는 할머니 뒤로한 채
봉투에 구이용 생물 고등어 들고
한설(寒雪)에 코트 여미며 집에 가는 길
할머니와 아들 상봉을 보며
돌아갈 가족의 그늘 있다는 게 좋구나
가족의 그늘이 없는 나는
가슴 한쪽이 무너져 내리는
아픈 통증을 느꼈다

칭찬

어르신들 만날 때마다
장가 안 가니? 결혼 안 하니? 물으면
중매하시면 당장 갈게요
어르신들 마음 다칠까 봐
가식 없는 웃음으로 되받아치는 노총각
결혼 정보회사 주선으로
베트남 처녀와 결혼한 이듬해
연년생 아들 둘 낳았다
깊게 파여 주름진 얼굴에 생기가 도는 노총각 어머니
가슴에 맺힌 한(限) 푸신 듯
예쁜 내 새끼들, 어디서 왔니?
어디서 왔어? 틈날 때마다
손자들 자랑하러 동네 집집이 다닐 때
자매 같은 이웃들, 베트남
며느리 칭찬 자자하다

오점

하루가 저무는 오후가 되면
주머니 헐렁한 사람들끼리 둘러앉아
노모 같은 늙은 여자가 차려주는 파전에
막걸리 마시러 간판 글자도 지워진
허름한 식당에 하나둘 모여드는 저녁
전봇대 밑에 오줌 누고 바지 추스르던 중년의 남자
식당 앞을 걸어가는 내게 시비를 건다
그와 나는 마주친 적 없는 생면부지,
얼굴에 날리려던 주먹 거둬들였다
나도 성깔 있지만 꾹꾹 눌러 참았다
여태껏 고성에 삿대질은커녕
드잡이 없이 살아왔는데 하마터면
폭력 전과자 낙인찍혀
살아가는 내내 후회할 뻔했다
신상에 오점 남길 뻔했다

미혼모

스물 초반의 풋풋한 여자
총각을 만나 사랑의 싹을 틔우다
이젠 어쩔 수 없다는 듯
동거 시작한 이듬해 아이 낳았으나
시댁 어른들, 아들 인생 망친 년
아들 신세 망친 년 하며 푸대접하는데
절망 느끼고 남자와 헤어졌더니
손에 남은 건 카드빚 떠안은 무일푼 여자
양가 부모님, 친지들, 친구들 축복받으며 치르고 싶은
혼사는 사치라 생각한 등신 같은 여자
아이를 혼자 낳은 게 아니잖아요!
시댁에 입도 뻥긋 못하는 숙맥 같은 여자
아이와 사느라 하루가 짧은 듯
억척스럽게 일하는 여자
밤늦게 퇴근하면 아이 혼자 울다 지쳐
아무렇게 잠든 아이 깰까 봐
사글세 부엌에 쭈그려 앉아 서럽게 우는 여자
시댁이 인정하든 안 하든 한땐

한 가족이라 마음 뿌듯했지만 이젠
모두 남남이 된 타인들

입동(立冬)

 해가 뜨려면 이른 탓일까 어둑한 창가에 불이 켜진 창가도 있지만 아직도 곤하게 잠든 창가가 많다 동네 개들이 컹컹컹 짖어대는 어둑한 골목길 걸어 나와 정류장 모퉁이 뽀글뽀글 파마머리 중년 여자의 포장마차 들어가면 간밤에 김밥 재료 준비하느라 밀려오는 졸음을 김밥과 함께 둘둘 만다 종점에서 출발한 첫차 놓치면 낭패인 가장들, 힐긋힐긋 손목시계를 보며 어떤 이는 커피로, 혓바닥 깔깔한 이는 뜨끈한 국물로 몸을 데우며 김밥을 사서 가방에 넣고 매일 그 시간에 정류장 도착한 운전수와 꾸벅 묵례를 하며 버스에 올라 구석진 뒷좌석 의자에 털썩 앉아 손에 든 페트병 물로 벌컥벌컥 목을 축이며 가방 속에 넣어둔 김밥을 꺼내 의자에 종이뭉치처럼 웅크리고 앉아 꾸벅꾸벅 조는 승객들 몰래 입안에 꾸역꾸역 밀어 넣고 페트병 물로 꿀꺽꿀꺽 삼킨다

행복한 고민

집을 나설 때나 들어갈 때마다
지름길 놔두고 먼 길을 돌아다녔다
이유는 식당 유리창 메뉴들뿐만 아니라
난전 좌판 위에 눈과 입을 자극하는
먹을거리들 피해 다니느라 걸을 때마다
뼈와 뼈가 스치는 통증 참으며 먼 길을 돌아다녔는데
오늘은 골목 당당하게 걸었다
왜냐 하면 통장에 원고료가 들어왔기 때문,
통장에 찍힌 동그라미 세며
좋아하는 돼지갈비 뜯을까 아니면
횟집에 가서 소주에 싱싱한 회를 먹을까
행복한 고민 하는 내내
주머니 두둑한 돈 쓸 생각만 했다
그렇게 지내는 며칠 동안
시를 놓치고 후회만 했다

밥상

어머니 돌아가신 몇 년 동안
명절에도 고향도 없는 사람처럼
발걸음 끊고 살다 느닷없이 고향에 들러
친구 노모께 허리 굽혀 인사드리면
누고오! 누고오! 하실 줄 알았는데
단박에 날 알아보는 기억력 덕분에
소싯적 돌아가신
어머니 만난 것처럼 기뻤다
그건 연세에 비해 정신 건강이 좋기 때문,
노모 모시고 사는 친구를 만나
켜켜이 쌓였던 얘기 나누다 버스도 끊기고
어둑어둑 날 저물어
친구네 집에 하룻밤 묵기로 했다
꼬끼오! 꼬끼오! 수탉이 새벽 알리는 아침
갓 지어 바라만 봐도 포만감 느끼게 하는 고봉밥
노모 얼굴처럼 찌그러진 냄비에
보글보글 끓인 찌개며 텃밭에서 뜯어
참기름에 조물조물 무친 거섶들

소찬이지만 노모가 차린 밥상은 내가
먹어본 최고의 밥상이었다

병원 문턱은 높다

몸 아픈 뒤부터
한 달에 한번 진료받으러
병원을 찾는다

병원에 가면 환자들 속에는
갈걷이 끝날 때까지 읍내 의원 전전하던 어느 날
첫차 타고 도시 병원에 도착한
구릿빛 촌부도 여럿 있다

아침밥 소화되고 허기 느낄 즈음
의사와 이러쿵저러쿵 문진은 고작 몇 마디뿐!
이유는 환자가 많기 때문

젠장, 아픈 게 죄다 투덜대며
처방전 받아 들고 병원 나서니 그새
한나절이 후다닥 지났다

계보

　이웃들 초토화시킨 한 남자가 있다 남자든 여자든 둘만 모이면 남자들은 부러운 듯 여자들은 망측하다는 듯 귓속말 주고받으며 입방아 찧는다 동네 흘러 다니는 소문에 의하면 예순 살에 늦둥이 낳은 한 남자 얘기다 마트든 미장원이든 목욕탕이든 이발관이든 노천 시장이든 요즘은 동네 어디를 가든 예순에 그게 가능하냐며 늦둥이 낳은 얘기가 화젯거리다 몇몇 지인들과 술자리 둘러앉아 저마다 늦둥이 보고 싶다는 지인들도 여럿 있었다 조상님께서 늦둥이 점지해 주신다면 집안의 계보를 다시 짤 수 있다며 너스레 떠는 지인도 있다 고개를 젖혀 하늘 올려다보니 눈이 부시고, 생동감 넘치는 들녘 아지랑이 피어오르는 그해 봄날 툭하면 늦둥이 목말 태우고 자랑하러 동네 돌아다니는 남자를 보며 어렵게 얻은 늦둥이 자랑해도 괜찮다, 지인들 한마디씩 거든다

봄이 오는 길목

연고도 없는 시골에
한동안 머물며 보았다
햇살 좋으면 논두렁밭두렁 아래
앞서온 봄바람 뒤따라온 봄바람 소담거릴 때
집배원 그이는 유유할 새도 없이
오토바이 타고 들꽃들 화사하게 웃는
조붓한 오솔길 넘나들며
객지 자식들, 형제들 소식 배달하는 사람
기쁜 소식 전할 땐 자신의 일처럼 목젖 보이게 웃고
슬픈 소식 전할 땐
눈시울 붉히는 애틋한 사람
배달 틈틈이 집집이 식솔들 챙기는 사람
농번기 때는 농부들 대신
읍내 농협 약국에 들러
공과금, 비상약 사다 주는 사람
그이는 단순 집배원이 아니라
마을 심부름꾼 같은 사람

연민

앞서 걷던 어린 남매
돌부리에 걸려 퐈당 넘어졌다

얼른 뛰어가
옷에 묻은 흙 툴툴 털어주며
괜찮니? 다친 데 없니?
우는 남매
눈물을 닦아주었다

따순 밥

퀭한 눈에
눈꺼풀 풀린 배고픈 사람은
한 끼
따순 밥 간절하지만
삼시세끼 밥 걱정 없는 사람
머릿속 허한 사람은
한 권의 책이
한 끼
따순 밥이다

제2부

초년생

부모 품을 떠나
혼자 살아보니 알겠다
세상이 뜻대로 되지 않다는 걸
넉넉한 고향의 품을 떠나
일가붙이 하나 없는 객지에서
홀로서기 해보니 알겠다
삶이 얼마나 힘든지
처음 내디딘 첫 직장의 고배
첫사랑의 실패
초년생 눈에 비친 현실은 녹록치 않다
어제는 사람 때문에 울고
오늘은 사람 때문에 웃었다
그래, 삶이란 다 그런 것
그렇게 부대끼며 세상을 알아가는 것
그렇게 성장해 가는 것

뇌졸중

뇌졸중 후유증 탓일까
거동 불편하다는 소문을 듣고
미루고 미루던 어느 날
연락도 없이 불쑥 찾아가 만났다
그가 외출 꺼리는 것은
뇌졸중 후유증 탓이라 했다
그러므로 그가 평소 즐겨 쓰던 고운 필체는
더 이상 쓸 수가 없었다
그가 변방에 파묻혀 사는 동안
지렁이가 꿈틀꿈틀 기어가듯 노트 위에
울컥울컥 휘갈겨놓는 필체는
가슴 먹먹하게 했다
내가 머무는 반나절 동안
문지방 닿도록 들락거리던
지인들 발걸음, 전화도 없었다
휴대폰 불나던 시절은 옛말
오랜 지기인 그와 마주 앉아
지난날 설핏설핏 돌아보니

그의 간결한 필체는 오래전에
뇌졸중과 함께 죽었다

동거

하루가 주머니 푼돈 줄어들듯
오늘도 하릴없이 밥그릇만 축낸다 싶어
혼자 사는 지인 집에 갔더니
담벼락 밑에 못 보던 강아지 한 마리
목줄에 묶인 채 덜덜덜 떨고 있다
쓰다듬으려 팔을 뻗으니 깨갱깨갱깨갱 운다
웬 강아지냐고 물었다
아내와 사별한 뒤 말벗 그리워
이웃집 강아지 한 마리 데려다 키우는데
녀석이 좀처럼 곁을 주지 않아 고민하다
강아지 형제 한 마리 데려다 만나게 했더니
꼬랑지 흔들며 핥고 빨며 좋아죽더란다
나도 지인의 말에 공감한다는 듯
미물인 짐승도 끼리끼리 정감 나누며 사는데
사람도 사람 냄새 맡고 살아야
몸도 마음도 좋다는 걸 알았다
그날부터 나는 틈날 때마다
사람들 곁으로 다가갔다

안전지대는 없다

낮에는 푹푹 찌는 폭염
잠자리 드는 밤에는 열대야 때문에
밤잠 뒤척이던 이튿날
피난민처럼 트렁크 속에 보따리 챙긴 이웃들
집시들처럼 갈래갈래 집을 나선다
지열로 후끈한 인도 걸어갈 때
여름 악사들 사랑 노래 울려 퍼지는 가로수 근처마다
얌체 운전자가 주차를 하는가 하면
앞에는 배달 오토바이
뒤에는 전동 킥보드가 덮칠 듯 달려든다
그 꼴이 못마땅한 한 노인
조붓한 인도로 다니면 되느냐! 소리치며 나무랄 때
여드름을 훈장처럼 뽐내던 애송이들
꼰대가 꼴값 떤다며 히죽거린다
그걸 지켜보던 나도 여차하면
일전불사(一戰不辭) 태세 각오하며 거들었다
청년들 얼굴에 대놓고 후레자식들
후레자식들 쏘아붙였다

곡예사들

밑에서 잠시 올려다보면
현기증 느낄 만큼 까마득한데
아파트 짓는 건설 현장 인부들은
모두 곡예사 기질이 있다
아무리 높은 건물 짓는다 해도
건설 현장에서 잔뼈가 굵은 인부들
허공을 성큼성큼 걸어다닌다
느닷없이 한 치 앞을 볼 수 없는 안개 군단들
자욱이 밀려들면 발걸음 옮길 때마다
다리가 후들후들 떨린다
현장 소장의 작업 중지에 따라
안개 물러갈 때까지 구석에 쭈그려 앉아
진즉 노가다 때려치운 뒤
마누라 차려주는 따순 밥 먹고
양복에 달빛 흘러내리는 구두 신고
마누라 배웅받으며 출근하는
사람들처럼 살고 싶었다
인부들 앞에 속내 털어놓으니

그래, 우리들 꿈도 그랬어 맞장구친다
그럼에도 일손 놓을 수 없는 것은
간수할 가족이 있기 때문이라며 한숨 내쉬는 인부들
오늘도 여느 때처럼 춥든 덥든
현장에서 묵묵히 일하는 전국의 모든
인부들은 죄다 곡예사들

뒤늦은 깨우침

젊은 시절에는
한 달을 하루처럼 살았지
일 년을 한 달처럼 즐기며 살았지
세상을 다 가진 듯 기뻤지
그렇게 살다 주머니 헐렁해지자
밤낮없이 문지방 닳도록 들락거리던 발걸음들
하나씩 둘씩 떠났지 그 뒤로
해는 떴으나 세상이 어둡게 보였지
그러다 늘그막에
세상 잘못 살았다, 잘못 살았어
정신이 번쩍 들더라는
말라깽이 한 노인을 알고 있다
며칠째 혼자 사는 노인이 보이지 않으면
바람에 흔들리는 나무처럼
노인의 집에 도착하면 밖에 누고오!
문틈으로 노인의 쇳소리 들리면
그제야 안도하곤 했지

걱정 한 짐

도심에 내려앉는 땅거미 탓인지
걸을 때마다 발목이 푹푹 빠지는 퇴근길
처진 어깨에 낡은 가방을 메고 끙차, 허리 굽혀
종점행 버스에 오르는 중년의 한 남자
몸을 던지듯 의자에 털썩 앉더니
막무가내 쏟아지는 졸음 견딜 수 없다는 듯
이내 침을 질질 흘리며 존다
시내를 돌아 정류장 멈출 때마다 게슴츠레 눈을 뜬 채
입술에 묻은 침을 닦으며 승객들 면면 살피다
버스가 출발하면 다시 꾸벅꾸벅 존다
시내를 돌던 버스가 정류장 멈출 때마다
버스 타는 승객들에게 꾸벅꾸벅 인사 건네고
정류장에 내리는 내게도 꾸벅,
저렇게 졸다 집에 닿는 정류장
지나치면 어쩌나 떠나는 버스 꽁무니
뒤돌아보며 중년의 그 사내를
걱정하며 집으로 걸었다

빚

예순다섯 되던 해
기초연금 수급자 신청했더니
갖가지 혜택은 물론
비싼 통신요금 도움도 받았다
그게 끝이 아니다
꿍차, 버스에 오르면 자식뻘 승객들에게
경로우대 대접도 받았다
그뿐만이 아니다
오라는 곳 갈 곳 없는 날
외로워 집을 나서면 곳곳에
눈 머물 곳 마음 머물 벗들이 많다
어디 그뿐이랴
철철이 산책하기 좋은 날
마음이 결정한 곳이면 그곳이
가까운 곳이든 먼 곳이든
바람 쐬러 집을 나선다
그러므로 나는
세상에 진 빚이 많다

마네킹

진눈깨비 오락가락하는 오후
따끈한 커피 간절하지만 어둡기 전에
정류장으로 터덜터덜 걸었다

정류장 도착한 버스에 올라
빈자리 찾아 버스 안을 스윽, 훑어보니
생김새 다 다른 퇴근길 승객들
진눈깨비 흩날리는 창밖에 눈길 빼앗긴 채
마네킹처럼 앉아 있는 한 승객
귓불에 속삭이듯 말했다

창가 앉아도 될까요? 했다가
입을 다물고 째려보는 레이저 불에
하마터면 타죽을 뻔했다

건조주의보

해가 점점 짧아지니
겨울 채비하느라 바쁘고 나는
뒷짐 지고 길가 어귀에 서서 무심히
늦가을 산을 올려다보는 낮
시간 축내는 동네 지인들 꼬드겨
짐승도 못 찾는 개울가 둘러앉아 모닥불 지펴
삼겹살 굽고 술잔 기울일 때
지형 한눈에 꿰뚫고 있다는 듯
산불 감시원 일행이 다가왔다
건조주의보 내린 곳에서 뭐 하는 겁니까?
요새도 이런 얼간이들 있다니
한심하다는 듯, 돌아가며
면전에 대고 일침 가했다
감시원 눈치 살피다 자존심 상하지만
상황 모면하려면 어쩔 수 없었다
허리며 목 뻐근하도록 머리 조아리며
빌었지만 소용없었다
그날을 까맣게 잊은 어느 날

우편함 공과금 속에
과태료 고지서가 꽂혀 있었다
이튿날 어귀에서 만난 지인이 말했다
과태료 금액 보고 까무러칠
아내가 걱정이라 했다

보름달

동네 한 바퀴 휘휘 돌아
슈퍼 평상에 걸터앉아 쉬는데
한 무리 여자들이 걸어온다

해거름에 만난 지인들에게
이러쿵저러쿵 보름달 얘기했더니
등신아, 보름달은 아무 때나 뜨는 게 아니라
정월대보름 밤에 뜬다

빡빡 우기는 그들도 틀렸고
나의 믿음도 틀렸다

나는 보름달이
낮에도 뜬다는 사실을 오늘 처음 알았다

그러므로 이 세상 여자들은
대보름 밤에 뜨는 보름달처럼
모두가 곱고 환했다

12월

눈을 뜨니 날이 훤히 밝았다
기지개 켜고 일어나 커튼을 밀치니
마을이 폭설 속에 파묻힌 아침
몸이 찌뿌듯해 지지러 목욕탕 가다가
공원에 멋진 눈사람을 보았다

누구 작품인지 몰라도 그가
언 손을 호호 불며 만든 눈사람은 흉상이 아니라
미소 머금은 인자한 눈사람

냉탕 온탕 한증막 들락거리다
개운한 기분으로 목욕탕 밖을 나서니
가진 게 시간밖에 없는 노인들

구름 사이로 간간이 쏟아지는
햇볕 쬐러 공원에 나앉아
눈사람 녹아내리듯
노인들 생애도 줄줄줄 녹는다

허수아비

자식들 학업 마치자
귀촌한 촌부 찾아갔더니
동구에 마중 나온 촌부
갈걷이 끝난 논밭에 서 있는
허수아비처럼 낡아 마음 짠했다
해가 늦게 뜨고 일찍 지는
촌구석 용케 찾아왔다는 촌부
키우던 토종닭 잡는다
다른 지인들 올 때도 토종닭 잡았단다
그러므로 이제 남은 건
새벽에 촌부 깨우는 수탉 한 마리
알 낳는 암탉뿐이란다
갈 길 바빠 돌아가는 오후
배웅하러 나온 그가
차가 모롱이 돌아 보이지 않을 때까지
허수아비처럼 동구에 서서
손을 흔들고 섰다

상갓집

동네 어르신 만날 때마다
자식 대하듯 살갑게 대하시던 어느 날
어르신 돌아가신 비보를 듣고
문상하러 상갓집에 들렀다

영정 앞에 꿇어앉아 절하는 동안
상주들 누구도 곡을 하지 않았다
소싯적 이웃 상갓집 가시는 아부지 따라가면
침통한 표정의 상주들
애끓는 곡소리 지금도 눈에 선하다

장례 치르고 나면 무덤 옆에
여막(廬幕)을 짓고 탈상 때까지
자식 된 도리 다 하였는데

시대가 바뀐 탓일까
요새는 상갓집이든 장례식장이든
곡소리 들리지 않는다

십자가를 짊어지다

시간을 쪼개 은행에 가서
공과금 내고 통장 잔고 확인했더니
어김없이 기부금 빠져나갔다
은행을 나서니 아직
정오가 되려면 멀었는데
밤새 뒤척이다 마음 축축한 사람들
건물을 바람막이 삼아
무료급식소 앞에 엉거주춤 자리 잡고 앉으면
자원봉사 사람들 마음 바빠진다
식판 받아 든 사람들 속에
노인이 많지만 사업에 실패한
형제 같은 이들도 여럿이 섞여 있다
작지만 나의 정성이 닿아
한 끼 포만감에 잠시 시름 내려놓고
껄껄껄 웃을 수 있다면
나는 그들을 위해 기꺼이
십자가를 짊어지리라

괜한 걱정

예년보다 더딘 봄을 기다리며 창가에 앉아 있다가 멀리 미루나무 꼭대기에 까만 점 두 개가 어른거리는 것 본다. 까치다, 둥지를 틀고 있다. 나무 중간쯤에도 까치집이 있는데 괜찮으려나? 층간 소음으로 다투지는 않겠지, 괜한 걱정으로 오늘 또 하루 소일거리는 만드는……

종소리

  인도 위 검은 강 풍덩풍덩 밟고 가다가 땡그랑땡그랑 구세군 종소리 이끌려 빨간 자선냄비 속에 지폐 접어 넣고 돌아선다. 나의 작은 정성이 혹한 속 주머니 헐렁한 사람들 가슴 데울 걸 생각하니 살을 에는 저녁 차디찬 마음도 금세 따뜻해진다.

제3부

죽비

일 년을 사는 동안
나도 모르게 지은 죄 왜 없으랴
그 죄 깨끗이 씻은 후
새해 맞이하러 산사 가는 길
칼바람이 목덜미 콧잔등 스칠 때마다
얼굴 얼얼한 절간, 온기도
없는 대웅전 마룻바닥 무릎 꿇었다 일어섰다
부처님께 지은 죄 참회할 때
숨이 턱 밑까지 차올라
이러다 스스로 하산할 수 있겠니?
내가 머뭇거릴 때
탁, 탁, 탁 죽비 내려치는 소리
경내 구석구석 울려 퍼져
정신이 번쩍 들었다

고물상

초저녁 어둠 끌어다 덮고
고단한 하루를 곤한 잠으로 풀다
새벽잠 털고 일어난 노인
개들이 짖는 미로 같은 골목
구석구석 돌며 동틀 때까지 수거한 고물 싣고
고물상 들어가는 리어카 위에
쓸 만한 고물 언뜻언뜻 눈에 띈다
오라는 곳 갈 곳 없는 날
동네 휘적휘적 돌다 고물상 들러
산더미처럼 쌓인 고물 뒤적이다 보면
뜻밖에 횡재할 날도 있는가 하면
어떤 날은 비닐봉지 속에 가장이 아내에게
아이들에게 쓰다 지우고, 다시
눈물로 쓴 얼룩진 일기장 주워 읽다
자신도 모르게 울컥울컥
눈시울 붉힌 날도 있었으리라

키스

집안에 주렁주렁 매달린
사랑의 열매들 간수하는 나는
한 가정의 가장이었다
그날도 평소처럼 출근하려고
운전석 앉아 횡단보도 건너는 행인들
면면 살피며 신호등 기다릴 때
여자가 범퍼에 뜨거운 키스를 했다
갑자기 당한 키스라 얼떨떨한데
출근길 바쁜 날 붙잡고 동정심 얻으려는 듯
넋두리 늘어놓는 여자, 연인들
키스할 때 입술 찌그러지듯 내 차도
그녀의 차도 찌그러졌다
사랑하는 여인들 첫 키스는 사랑의 정표
그러므로 그 여운 평생 각인되지만
오늘처럼 기습적으로 당한 키스는
그녀도 좋아하지 않을 것이다

별꽃이 지는 이유

해가 떴는지 지는지
어두컴컴한 골방에 파묻혀
뭔가 끄적이다 보면
그리운 이름들 잊어버릴 때가 있다
뒤란에 꽃은 피는데
이렇게 하얗게 늙어도 되느냐
내게 되묻는 밤
그가 세상 떠난 며칠 뒤
지인에게 절절한 문자를 받고
내가 너무 무정히 대했나 싶기도 해서
별을 올려다보며 무작정 걸었다
가슴이 너무 쓰리고 아파서
막차로 도착한 가장들 소주잔 비우는
포장마차 구석진 자리 앉았다
오랜 세월 동안 마음속에 머물던 한 사내를
한 마리 새 훨훨 날려 보내듯 보낸다
소주 한 병을 비울 즈음
달그락달그락 설거지 소리 들릴 때

밖으로 나와 하늘 올려다보니
별꽃이 지고 있었다
이제 곧 새벽을 가르며
종점에서 출발한 첫 버스가 출근길
승객들 태우러 오겠다

할미꽃

봄바람에 이끌려
뒷산에 허리 굽혀 올랐다

바위에 엉덩이 반쪽 걸치고 앉아
양지바른 무덤가 주변에 핀
할미꽃을 보았다

무지렁이 아버지와 결혼한 엄마
호롱불 밑에서
밤새 삯바느질하시다
폭삭 늙었다

봄에 피었다 지는 할미꽃처럼
엄마도 그렇게 지셨다

하이에나

하객들 면면을 보니
가문이 좋은 집안처럼 보였다
축의금 내고 돌아설 때
초대받지 않은 경찰들 들이닥친다
웅성웅성 소리 귀동냥했더니
바람잡이 포함한 하이에나 무리들
혼주 친척처럼 설레발치며
축의금 봉투 슬쩍슬쩍 빼돌리다
딱, 걸렸다
며칠 전 동네 난전 시장에서
주부가 지갑 털렸고
나는 전철에서
승객 두엇 스쳤을 뿐인데
눈 깜빡할 사이 패스포트 털렸다
구겨진 축의 봉투처럼
역사(驛舍)에 넋 놓고 앉아 있었다

교감

오늘도 어제처럼
하늘에 해가 떠오르면
지팡이 유모차 밀며
어르신들 복지관 간다
복지관 도착하면
솥단지 눌어붙은 누룽지처럼
켜켜이 쌓인 추억들
실타래 풀듯 한 올 한 올 풀어놓으면
모두 공감한다는 듯
너도나도 추억담 한마디씩 거든다
하루를 갈무리하는 오후
희로애락 주고받던 할머니들
아랫목에 삭신 지지러
각자 집집이 돌아가는 길
신호등 옆에 가로수처럼 서서
다리 튼튼하면 한걸음인데
어르신 걸음은 천릿길
골목 들어서니

어르신들 말귀 알아들었다는 듯
아름드리 느티나무가
고개 끄덕이고 있다

마지막 외출

남들 앞에 고백할 흉은 있지만
변변한 자랑거리 없는 사람들 끼리끼리
모여 사는 임대 아파트 가면
해가 뜨면 질 때까지 말벗 그립던 어느 날
우유 있나 없나 요구르트 아주머니
초인종, 현관문 쾅쾅쾅 두드려도 기척이 없단다

직업상 와 닫는 촉이라 할까
관리실 직원과 현관문 열었더니
키우던 애완견 혼자 덜덜덜 떨며 밤새
노인의 쓸쓸한 임종을 지켰다

사이렌 울리며 경찰 다녀간 뒤
문상객 한 사람 없이 혼자
구급차 타고 외출하던 날
쉼터에 무늬만 사람인 노인들
혀를 차며 자리를 떴다

언어의 장벽

외국인 청년 서넛
버스 기다리는 남자에게 다가가
영어로 뭔가 물을 때
갑자기 정류장 술렁거렸다

말귀 못 알아듣는 중년의 남자
머리 절레절레 흔들며 자리 피하는 것은
높은 언어의 장벽 때문
중년의 남자뿐만 아니다
누구도 선뜻 나서지 않을 때
한 청년이 외국 청년과 주저리주저리 주고받더니
청년에게 땡큐, 땡큐 연발했다

똘똘한 청년이 말할 땐
김치찌개 된장찌개 고추장 냄새나더니
푸른 눈동자 청년들 말할 땐
버터, 소시지 냄새 풍겼다

패습

발가벗은 아이
엉덩이 한 짝이 벌겋게 달아올랐습니다
누가 그랬니? 했더니
아빠 손가락질하며 서럽게 웁니다
예전에는 머리 쓰다듬으며
착하다 예쁘다 폭풍 칭찬하면
금세 울음 뚝 그쳤는데
요즘 애들은 영악합니다
아이 달래려 오백 원짜리 동전 내밀자
바닥에 냅다 패대기칩니다
지갑에서 천 원짜리 지폐 꺼내 보여줬더니
고개 절레절레 흔듭니다
만 원짜리 눈앞에 스윽, 내밀었더니
콧물 눈물범벅 다섯 살짜리
배시시 웃는 모습에 기가 찹니다
이건 부모가 잘못 키운 나쁜
패습입니다, 패습!

도배

하늘에 해가 떠오를 때
도배공들 서넛 집으로 와서
먼지 뒤집어쓴 살림들
죄인처럼 도배공들 손에 하나씩 끌려 나온다
한눈에 봐도 도배공들
한두 번 해본 솜씨가 아니다
서로 호흡이 척척 맞는다
얼룩덜룩 벽지 위에
울먹울먹 잔소리, 고함 소리 덕지덕지 눌어붙은
벽지 위에 도배지 덧대 붙인 뒤
도배공들 손에 끌려 나온 낡은 살림들
내가 부르는 호명에 따라
다른 곳으로 자리 배치를 했다
도배 마치고 나니
금세 집안이 새집처럼 환하다
오늘 밤은 잠도 잘 오겠다

화해

벽촌에 도착했더니
노인들뿐인 동네 수군거리기에
삽짝에 모인 노인에게 물었다
개들이 밤낮 동네 싸돌아다니며
가축들 물어가 쫓으면 되레 콧방귀 뀐단다
노인에게 개 주인들 물었더니
모두 유기견이란다
벽촌 노인들 용돈벌이 가축들
물어가는 건 괘씸하지만
배고픈 유기견들 탓할 수 없었단다
그로부터 먹이로, 믿음으로
유기견과 화해하느라 애먹었단다
그날 이후, 유기견들 모두
이름도 짓고 적적한 노인들
집집이 가족이 되었단다

봄

창가에 따순 햇볕이 들자
봄을 타는지 나른하고 입맛이 없다
운동복 걸치고 슬리퍼 질질 끌며
삼거리 식당 밥 먹으러 어정어정 걷는다
대문 앞에 햇볕 쬐는 이웃집
반갑게 꾸뻑 인사를 한다
오랫동안 햇볕 쬐지 않으면
얼굴에 거뭇거뭇 검버섯 꽃이 핀다
앙상한 손등에 저승꽃 핀다
그러므로 날 좋은 봄이면
매일 대문에 앉아 햇볕을 쬔다

토요일

그날이 그날처럼 따분해
동네 구석구석 한 바퀴 돌아본 오후
무료함 달래러 티브이 켜고
소녀 가장이 출연한
〈동행〉이라는 방송,
축축한 마음으로 지켜보았다
소녀는 효심이 깊었다
또래 애들보다 일찍 철이 들어 보였다
어린 몸으로 병든 부모
부양하는 소녀가 기특했다

비록 적지만 소녀 가장에게
도움의 손길을 보탰다

창업

정년퇴직한 뒤
한동안 바깥출입도 않고
술과 사투하며
이젠 낮잠도 넌더리 난다는 사내가
별안간 창업을 한단다

고개 갸우뚱하게 하던 어느 날
버스 정류장 근처에서
붕어빵 장사를 하는 사내를 보았다

실전과 연습은 다른 것
툭하면 옆구리 터진 붕어빵이다

저러다 창업은커녕
겨울 다 가겠다

작금

유치원 간판보다 요양병원 간판이 더 많이 보이는

누가 부축해 주지 않으면 침대 위에서 한 걸음도 뗄 수 없는 노인들이
수인번호 대신
호실 어르신으로 불리는 요양병원

하룻밤에 침대 하나씩 비워져 간다

제4부

송충이

시집 인세를 받았다
이걸 어디다 쓰면 좋을까 고민하느라
한동안 한 편의 시도 못 썼다

그러다 몇몇 지인들 불러
오랜만에 기름진 음식을 먹고 밤새 설사를 했다

화장실 들락거리느라
밤잠을 설친 이튿날 아침
많은 고민을 했다

헐렁한 주머니 두둑해지면
육체는 물론 정신까지 황폐해지나니

종일 송충이 생각을 했다

나비의 꿈

나비 한 마리
꽃밭 속으로 들어간다

아니, 나비는 날아서 가는 게 아니라
눈부신 하얀 천 두르고
살랑살랑 춤을 추듯 들어간다

날갯짓이 춤이 되려는 순간
소낙비 쏟아진다

어쩔 줄 몰라
꽃잎 위에 풀썩 주저앉는다

꽃잎 위에 빗물 흥건한데
아랑곳하지 않고
소낙비 후드득후드득 쏟아진다

꽃밭에서 꽃밭으로

이승에서 이승으로
훨훨 날고 싶은 나비의 꿈

날개의 무늬는
물에 젖지 않는다

오케스트라

아침저녁 찬바람 불면
생각도 깊어지는 늦가을 오후
초인종 울려 문을 여니
어촌 친구가 보낸 스티로폼 박스가 도착했다
테이프 뜯고 뚜껑을 여니
싱싱한 해산물이며
생경한 바닷가 풍광도 함께 보냈다
어제는 벽촌에서 농산물 박스
그제는 서울에서 지방으로 거처를 옮긴 시인이
그곳 특산물 박스를 보냈다
저녁상 차리는 재료들 지켜보며
하마터면 웃음보 터질 뻔했다
식탁에 앉으니 느닷없이
벽촌, 바닷가 오케스트라 소리
귓가에 은은하게 들린다

고향은 무죄

 공부를 많이 시켰어, 아니면 끼니때마다 배부르게 밥을 먹였어. 고향이 내게 해준 게 뭔데요? 다시 고향 찾으면 내가 사람 아니다, 꺼이꺼이 울면서 고향을 등졌다. 명절에도 고향을 찾지 않았고 길흉사 때도 찾지 않았다. 고향이 타국이러니 했다. 그러나 첫사랑 생각나듯 몸서리치게 고향이 그리웠다. 몰래 고향에 입국할 때 삽짝에 심어놓은 감나무가 그래, 맞다, 이곳이 네가 그토록 그리워하던 나라 맞다 하며 자식 기다리는 어머니처럼 구부정하게 서서 날 맞아주었다.

눈물의 이별

이웃 동네 사람들 모이면
달동네 때문에 집값 떨어진다
멸시하던 동네가 요즘
재개발 부흥 바람을 타고 주상복합
아파트 공사가 한창이다

벽두부터 땅거미 내릴 때까지
포클레인이 채석장 돌 깨는 소리 들리는 오전
낡은 살림살이 싣고 뿔뿔이 떠날 때
어디서 살던 잘 살아야 한다

부대끼며 살던 친자매
피붙이 다름없는 형제 같은 이웃들
눈물의 이별을 했다

휴식

어느 날부터 걸으면 몸에서
삐거덕삐거덕 덜컹거리는 소리가 난다
병원에 들러 상담했더니
몸이 쉬고 싶다는 신호라고 했다
지친 몸 추스를 겸
생활 내려놓고 한동안 시골에 머물다 떠나던 날
자동차 시동이 걸리지 않았다
읍내 카센터 전화했더니 출장비 비싸단다
동구 밖 그늘에 쭈그려 앉아
해가 충천에 다다를 무렵
노인이 지게 지고 황소와 삽짝 나선다
태어나 죽는 날까지 누런 거죽 걸친 황소
노인과 엇박자 걸음으로 걷는다
그래, 내게도
이랴~ 소를 몰며 농로 천변 따라
집으로 가던 시절이 있었다

꿈

내일도 오늘처럼 욕먹지 말고 죄짓지 말고 살자! 다짐하며 밤늦게 지친 몸을 뉘고 잠자리 들었는데 생시처럼 으스스 소름 돋는 악몽을 꿨다 밤새 악몽에 시달린 이튿날 아침, 꿈은 반대라는 어르신들 말씀 별안간 설핏설핏 떠올랐다 그게 사실이라면 한번 믿어볼까 오전 내내 간밤에 꾼 꿈 생각만 했다 악몽을 꾸고 이번처럼 초조한 적이 없었다 오늘도 어제처럼 바쁘게 살던 오후 늦게 꿈은 망상이란 걸 알고 후회했다 오늘 하루는 똥 밟은 듯 며칠째 씻지 않아 비위 상한 듯 종일 찝찝한 하루였다

양파

만난 사람들 속에
양파 같은 사람이 있다

사람들 마음이란
양파껍질 벗기듯 까고 또 까도
그 속내 알 수가 없다

그게 남녀 관계라면
더더욱 그렇다

초대장

세상과 다투며 사느라
계절도 잊고 사는데 올해도
두메에서 보낸 초대장 받고 민망했다
논배미 따라 걷다 보니
눈에 보이는 건 귀에 들리는 건
들녘에 알알이 영글어 황금 물결 일렁일 때
이삭들이 넘어질 듯 흔들리는
두메 초입에 들어서니
검정 치마 단발머리 소녀이던 시절
친구들은 앞다퉈 대처로, 대처로 뿔뿔이 흩어졌는데
한 소녀는 두메에 묻혀 살다
무늬만 사람인 어머니, 수탉이 울면 새벽잠
밀쳐놓고 논밭에 파묻혀 사느라
학벌은커녕 일자무식이지만
장작불 지핀 가마솥에 햅쌀로 지어
윤기 흐르는 쌀밥 맛나지만
참기름 넣고 조물조물 무친 거섶뿐만 아니라
자글자글 끓인 찌개는

어느 호텔 조리장 손맛보다
어머니 손맛이 더 맛있다
갈걷이 때가 되면
해마다 내게 초대장 보내시는 분은
젊은 나이에 요절한
두메 친구 어머니셨다

마음의 눈

오라는 곳도 갈 곳도 없는 날
바람 쐬러 거리 어정어정 걸을 때
귀에 들리는 건 눈에 보이는 건
눈살 찌푸리게 하는 모습들 볼 때가 있다

그 모습들 외면해도 머릿속에
그 기억들만 떠오른다
하여, 가슴속에 스트레스 쌓이므로
생각을 바꾸기로 했다

찡그린 눈으로 세상을 바라보니
눈앞에 펼쳐진 사물들이 찌그러져 보이더니
눈웃음 지으며 바라보니 그 모습은 마치
아름다운 한 송이 꽃처럼 보였다

투견장

도망치려 틈을 보지만
철망 때문에 도망칠 수 없다
그래서 죽기 살기로 싸운다
둥근 철망을 사이에 두고
험악한 얼굴에 게거품 문 사내들
투견들을 향해 괴성 질러댄다
이긴 쪽은 담배 질근질근 씹으며
구석진 곳에 끼리끼리 모여 낄낄거리고
뭉칫돈 들고 손가락에 퉤퉤 침을 뱉으며
돈다발을 센다
진 쪽의 사내들은
철망 걷어차며 병신 같은 개새끼!
욕지거리 내뱉으며 탄식을 한다
대결에서 진 투견은 꼬리를 내리지만
사람은 꼬리를 내리지 않는다

난상 토론

월급도 없이 전 생애를
오롯이 흙에 기대어 살아가는 농부들
해가 산등성 뒤로 사라질 즈음
갈걷이 끝내고 한가한 늦가을 초저녁
이웃집 평상 위에 둘러앉아 삶은 고구마, 감자
한입씩 베어 맛나게 먹는다
풍년은커녕 농사 깡그리 망쳤으므로
농협에 갚을 영농자금, 비룟값 걱정할 때
곁에서 듣고 있던 늙은 농부
허공에 삿대질하다 사레들린 듯
가슴팍 두드리며 쿨럭쿨럭 기침할 때
귀뚜라미 할 말 있다는 듯
찌르르 찌르르 끼어든다

확인

여름에도 서리꽃 핀다는
얼음골 다녀오다 개울에 앉아
물거울에 얼굴 비춰본다

태풍이 할퀴고 간 탓일까
얼음골 사과밭에 썩어가는 낙과들처럼
그새 나도 많이 상했다

그랬구나 그랬어
범칙금 끊으려는 경찰에게 건넨
낡은 면허증 사진을 보며
본인 맞느냐
몇 번이나 확인을 한다

젊었을 적 사진으론
실물과 대조하고 확인해야 하는
나이가 되었구나

추락하는 새는 날개를 펴지 않는다

담쟁이 우거진 담벼락 아래
눈에 익은 텃새 한 마리 죽어 있다
영역 지키다 죽었을까 아니면
시름시름 앓다 병들어 죽었을까
아스팔트 위에 떨어져 죽은
사체 근처 산벚나무 가지에 앉은 텃새 한 마리
이 나무 저 나무 날며 어쩔 줄 몰라
해가 뜨고 질 때까지 운다
짝 잃은 처연한 울음소리
귓가 맴돌아 걷고 있지만 걸음은 더디고
눈길은 자꾸 텃새 뒤돌아본다
어느 날 나도 짝 잃으면
텃새보다 더 서럽게 흐느껴
울고 또 울 것이다

서막

밥줄 잇기 힘든 시절
만족스럽진 않지만 직장 구했는데
친구가 마음에 걸리더란다

타지로 떠나기 전날 밤
셋방에 퉁퉁 불어터진 라면
종이컵 쓰디쓴 소주잔 비우던 친구를
승객들 붐비는 역사(驛舍)에서
몇 년 만에 우연히 만났으나
열차 시간에 쫓겨 황급히 헤어졌다

열차 못 타더라도
그간의 안부와 재회하려 했으나
KTX 차비, 시간 아까워
찰나의 악수가 전부였다

긴긴 이별의 서막이었다

빈손

바쁘게 살지만 가끔
속내 털어놓고 싶을 때가 있다
어제는 친구를 불러
수수한 집에서 술을 샀다
오늘은 은은한 음악이 귀를 호강시키는
분위기 좋은 식당에서
여자 친구에게 저녁을 샀다
하루는 무료해서
주먹을 폈다 오므렸다 했더니
손에 남은 건 빈손
왜 빈손일까
며칠째 그걸 고민하느라
얼굴 핼쑥해졌다

해설

매 순간, 심원한 사랑

신상조(문학평론가)

1. 김성렬 시의 삼각기둥

어느 시인은 작대기 세 개만 있으면 짓는 게 자기 시라는 말을 했습니다. 세 개의 획으로 이루어진 '시'란 글자의 모양을 빗댄 이 말이, 작대기로 땅에 줄 긋듯 아무렇게나 써도 시가 된다는 말은 결코 아니지요. 그는 꾸미지 않고 보태지 않는 자기 시작(詩作)의 진솔함을 작대기 세 개로 표현한 걸로 보입니다. 시란 마음에 절 한 채를 짓는 일이라는 비유도 널리 알려져 있습니다. 詩가 '말씀 言'과 '절 寺'의 조합으로 이루어진 표의문자인 데서 온 풀이입니다. 그런데 알려진 바와 달리 절 寺는 "손을 움직여 일한다"는 뜻의 持(가질, 잡을, 지닐 지)가 원래 뜻이라고 하는군요. 뜻 志에 근거를 둔다면 시란 "마음이 무엇을 향하여 똑바로 나아간다"란 의미를 갖습니다. '寺'나 '志' 어느 쪽이든 자신을 성찰하게 만드는 시의 특징은 변함이 없겠습니다만 말입니다. 혹자에게 시란 "서정이고, 서정은 심수봉"이기도 합니다. 심수봉의 노래를 들으면 그 애잔함에 마음이 무너지지 않습니까? 그런 대책 없는 슬픔이 뭐니 뭐니 해도 시의 본질이라는 해석도 일리가 있습니다. 언어의 주사와 빈사와 계사를 초월해 시를 감상하는 이들에게 시는 특히 서정이고, 그런 이들의 서정은 때로 황금심이거나 조용필이기도 한 거지요. 일찍이 백석 시인이 '세상의 온갖 슬프지 않은 것에 슬퍼할 줄 아는 시름찬 혼'을 가진 사람이 시인이라고 했던 것도 저러한 이유에서 그리 멀지 않습니다.

 이렇듯 시에 대한 정의는 너무나 많아서 일일이 거론하거나 옮겨 적을 수가 없을 정도입니다. 과장되게 말해 백 명의 시인이 있다면 백 개의 시론이 존재합니다. 개중에서 김성렬의 시는 '말씀 言'과 '절 寺'(혹은 '뜻 志')의 조합에 의미를 부여하는 쪽에 가깝습니다. 그의 시는 티 없이 맑은 심성이 바라보는 세상살이의 풍경을 곡진하게 펼쳐 보입니다. 무엇보다 그의 시는 삶의 그늘이 거느리는 넉넉한 힘으로 존재합니다. 이는 시간이 마모시킨 삶의 흔적을 이해와 배려가 어우러진 살가움으로 치환시켜 나가는 힘이기도 합니다. 김성렬의 시는 부박한 세상에서 부르는 진정성 있는 자기 고백을 통해 우리에게 성찰의 기회를 제공합니다. 『가족의 그늘』은 총 4부로 이루어져 있습니다. 그 각각을 유기적으로 구분하기 위해 세 개의 키워드를 동원하려 합니다. '그늘'과 '사랑', 그리고 존재의의를 부여하기 위한 '노래'가 『가족의 그늘』을 떠받치는 바로 그 삼각기둥입니다.

2. 어둡고 환한 그늘

 『가족의 그늘』 전체를 관통하는 키워드는 '그늘'입니다. 그늘은 상반된 의미를 가진 단어입니다. 국어사전은 이 단어를 1. 어두운 부분. 2. 의지할 만한 대상의 보호나 혜택. 3. 밖으로 드러나지 아니한 처지나 환경이라고 풀이해 놓고 있습니다. 이는 그늘의 의미를 응달과 보호로 나누는 영어사전의 단순명료함에 비해 함의하는 폭이 넓습니다. 예컨대 '나무의 그늘'과 '얼굴의 그늘'이 갖는 의미가 전혀 다르듯, '그늘'이라는 단어는 이 말을 수식하는 관형어에 따라 긍정적이거나 부정적인 의미를 띱니다. 김성렬 시에서의 '그늘'은 중의적이면서 결과적으로는 의지할 만한 대상의 보호나 혜택을 일컫는 긍정적 단어입니다. 저는 방금 '결과적으로'라는 말을 사용했습니다. 왜일까요? 시집의 제목이기도 한 「가족의 그늘」을 읽어보겠습니다.

할머니 혼자 사는 집 앞을 지날 때

이마가 벗겨진 중년의 한 남자를 보았다
그가 궁금한 오후, 찬거리 사러
노천에서 마주친 할머니께 넌지시 물었다
팔순이 넘은 할머니 안쓰러워
노모 대하듯 살갑게 대한 내게 집안의 내력들
더듬더듬 털어놓는 할머니
하는 것마다 매번 실패한 장남이란다
비싸다 좀 깎자 아니다 싸다
한 푼이 아쉬워 찬거리 흥정하는 할머니 뒤로한 채
봉투에 구이용 생물 고등어 들고
한설(寒雪)에 코트 여미며 집에 가는 길
할머니와 아들 상봉을 보며
돌아갈 가족의 그늘 있다는 게 좋구나
가족의 그늘이 없는 나는
가슴 한쪽이 무너져 내리는
아픈 통증을 느꼈다

―「가족의 그늘」 전문

이 시는 화자와 한동네에서 살아가는 할머니를 중심으로 합니다. 어느 날, 화자는 할머니가 사는 집 앞을 지나다가 낯선 사내를 발견합니다. 혼자 살아가는 노인의 집에 그동안 한 번도 못 봤던 사내가 있으니 궁금증이 이는 건 당연하나, 현대인에게 타인에 대한 지나친 관심은 금물이지요. 하지만 화자의 관심은 이웃의 사생활을 기웃거리는 가벼운 호기심이 아닙니다. 흉흉한 세상을 염려함으로써 가지는 애정 어린 관심입니다.

화자가 할머니께 낯선 사내가 누군지를 물을 수 있고, 대답을 수월하게 들을 수 있음은 둘 사이가 '이웃사촌' 이상의 친밀한 관계임을 보여줍니다. 그동안 화자가 할머니를 "노모 대하듯 살갑게 대한" 덕분입니다. 할머니가 털어놓은 사연에 의하면, 낯선 사내는 "하는 것마다 매번 실패한" 당신 장남이랍니다. 사내 처지가 저렇다 보니 늘그막에 아들한테 의지하기 힘든 할머니마저 그 형편이 어려운 건 당연한 노릇입니다. 할머니는 "한 푼이 아쉬워"서 "비싸다 좀 깎자 아니다 싸다"란 흥정 끝에 "구이용 생물 고등어" 한 손 사서 들고 아들이 기다리는 집으로 돌아갑니다. "한설(寒雪)에 코트 여미며" 걸어가는 할머니의 뒷모습에서 삶의 어두운 그늘인 궁색함을 느낄 수 있습니다.

하지만 모자의 삶에 드리워진 그늘에 대한 화자의 생각은 다릅니다. 화자는 아들의 실패보다 그 아들을 품어 안는 모정에 시선을 줍니다. 뿐인가요? 화자는 모자의 만남을, 이별을 전제하는 "상봉"이라 표현할 정도입니다. 어쩌면 잘나갈 때의 아들은 밖으로만 떠돌았는지도 모를 일입니다. 팔순이 넘은 할머니를 노모 대하듯 대한 시인이 처음 봤을 정도니, 근거가 없지는 않습니다. 그가 실패함으로써 모자는 비로소 상봉한 것이고, 현실은 비극적임에도 불구하고 역설적으로 모성이 활기를 띰은 그래서입니다. 추운 겨울, 할머니는 아들을 주려 생선을 고르고 있네요. 장남에 대한 노모의 무조건적 사랑은 무목적성을 가지므로 근본적으로 아름답습니다. 그리고 아들의 실패가 불러온 이 모성적 비애를 화자는 오히려 "가족"을 편히 쉬게 하는 "그늘"이라며 부러워하는 것이고요.

삶의 비애를 부정적인 '응달'로 보지 않고 긍정적인 '보호'로 받아들이는 화자의 태도는 시집 전체에 걸쳐 일관되게 드러납니다. 이는 "태어난 날부터 곁에" 있었던 "세상에 단, 한 송이뿐인 꽃" 즉, 어린 자식이 "무럭무럭 자라 스스로/거친 세상과 맞설 때까지 곁에 피어 있으리라/믿었던" 어머니가 "한 송이 꽃이 지듯 스르르" 져버린 일과 상관이 있습니다. 화자는 어머니가 그렇게 가신 후, "우락부락 남정네뿐인 집안"에서 "오랫동안/웃음소리 없이 침울"(「꽃」)하게 지냈던 과거를 잊지 못합니다. 이런 과거사와 더불어 시인의 천성이 인간의 나약함과 한계를 꾸짖을 줄 모릅니다. 시인은 사과 장수가 권해서 먹은 사과가 "산세 수려한 얼음골 바람 소리, 계곡 물소리"가 든 맛이었던 데 반해, 사 와서 먹어본 사과 속에는 정작 "아무것도 들어 있지 않"은 게 "코로나"로 인해 그가 힘든 탓이라고 "이해"(「호객」)합니다. 또한 시인은 공연히 시비를 거는 "생면부지"의 사내에게 "날리려던 주먹 거둬들"이며 "여태껏 고성에 삿대질은커녕/드잡이 없이 살아"(「오점」)온 삶을 망치지 않겠다 다짐합니다. 김성렬의 시가 그려내는 세상살이의 풍경이 밝고 환한 빛으로 가득한 건 아니지만, 그 삶의 풍경에 드리워진 어두운 그늘이 종국에는 내면적인 힘으로 단련된 생의 에너지로 전이됩니다. 인생은 그렇듯 자애롭게 품으며 이해하고 참아야 눈부시게 아름다운 건 아닐까요.

3. 사랑의 집배원

한 권의 시집은 시인이 삶에 대해 가지는 인식과 태도가 집약적으로 형상화된 것이라 할 수 있습니다. 김성렬 시인은 이번 시집에서 일상에서 마주치는 삶의 풍경을 반복적으로 그리고 있습니다. 누구 하나 잘나거나 못난 것 없이 비슷비슷한 모양새를 하고 살아가는 모습들이지만, 그의 시는 단조롭지 않고 감동적 울림을 줍니다. 그들과 함께 어울려 일상을 살아가는 시인에게서는 주어진 현실을 있는 그대로 받아들이는 수용의 태도뿐 아니라, '되어야 할 세상'을 꿈꾸며 세계와의 조화로운 상태를 꿈꾸는 서정적 자아가 드러납니다. 『가족의 그늘』에서 시인의 페르소나를 한 사람만 꼽으라면 아마 「봄이 오는 길목」의 집배원이 아닐까 싶은 이유입니다.

　　연고도 없는 시골에

한동안 머물며 보았다
햇살 좋으면 논두렁밭두렁 아래
앞서온 봄바람 뒤따라온 봄바람 소담거릴 때
집배원 그이는 유유할 새도 없이
오토바이 타고 들꽃들 화사하게 웃는
조붓한 오솔길 넘나들며
객지 자식들, 형제들 소식 배달하는 사람
기쁜 소식 전할 땐 자신의 일처럼 목젖 보이게 웃고
슬픈 소식 전할 땐
눈시울 붉히는 애틋한 사람
배달 틈틈이 집집이 식솔들 챙기는 사람
농번기 때는 농부들 대신
읍내 농협 약국에 들러
공과금, 비상약 사다 주는 사람
그이는 단순 집배원이 아니라
마을 심부름꾼 같은 사람

―「봄이 오는 길목」 전문

  화자가 연고도 없이 한동안 머물렀다는 시골의 저 집배원을 보노라면, 일상은 힘에 의해서가 아니라 부드러움에 의해서 굴러가는 것 같습니다. 함께 울고 웃으며 "마을 심부름꾼"을 자처하는 집배원의 소소한 도움이 어떤 강한 행동보다 더

마을을 따듯하고 조화롭게 만들고 있습니다. 시인은 「봄이 오는 길목」에서의 집배원처럼 "틈틈이" 누군가를 챙기고, 타인이 겪는 기쁘거나 슬픈 일들을 "자신의 일처럼" 받아들입니다.

> 뇌졸중 후유증 탓일까
> 거동 불편하다는 소문을 듣고
> 미루고 미루던 어느 날
> 연락도 없이 불쑥 찾아가 만났다
> ―「뇌졸중」부분

> 며칠째 혼자 사는 노인이 보이지 않으면
> 바람에 흔들리는 나무처럼
> 노인의 집에 도착하면 밖에 누고오!
> 문틈으로 노인의 쉿소리 들리면
> 그제야 안도하곤 했지
> ―「뒤늦은 깨우침」부분

> 저렇게 졸다 집에 닿는 정류장
> 지나치면 어쩌나 떠나는 버스 꽁무니
> 뒤돌아보며 중년의 그 사내를
> 걱정하며 집으로 걸었다
> ―「걱정 한 짐」부분

귀촌한 촌부 찾아갔더니
동구에 마중 나온 촌부
갈걷이 끝난 논밭에 서 있는
허수아비처럼 낡아 마음 짠했다

—「허수아비」부분

뇌졸중을 앓아 거동이 불편하다는 지인을 병문안 가고, 며칠째 보이지 않는 노인을 찾아가 쇳소리 같은 목소리를 듣고야 안심합니다. 귀촌한 촌부를 찾아가 안부를 묻는 이도 역시 시인입니다. 시인의 돌봄과 염려는 주위 사람들을 챙기는 데서 머물지 않고 버스 안에서 졸고 있는 낯선 중년에까지 미칩니다. 타인을 위해 고군분투하는 시인의 모습에는 인간이 인간에 대해 가져야 하는 진정한 자세가 투영되어 있습니다. 인간은 홀로 존재하므로 모두가 고독한 존재입니다. 시인은 존재의 보편적 고독을 서로 연민하는 것에 그치지 않고 적극적으로 정감을 나눌 때 "동거"로 표현되는 연대 의식이 생겨난다고 믿습니다. 시인이 생각기로, 타인의 고독을 위로하는 적극적 행위야말로 연대 의식의 확산이자 존재적 삶의 근본 질서에 대한 시적 자아의 의지에 해당하는 것입니다. 이러한 시인의 인식과 의지가 어디서 비롯하는지를 보여주는 「동거」를 읽어보겠습니다.

하루가 주머니 푼돈 줄어들듯

오늘도 하릴없이 밥그릇만 축낸다 싶어

혼자 사는 지인 집에 갔더니

담벼락 밑에 못 보던 강아지 한 마리

목줄에 묶인 채 덜덜덜 떨고 있다

쓰다듬으려 팔을 뻗으니 깨갱깨갱깨갱 운다

웬 강아지냐고 물었다

아내와 사별한 뒤 말벗 그리워

이웃집 강아지 한 마리 데려다 키우는데

녀석이 좀처럼 곁을 주지 않아 고민하다

강아지 형제 한 마리 데려다 만나게 했더니

꼬랑지 흔들며 핥고 빨며 좋아죽더란다

나도 지인의 말에 공감한다는 듯

미물인 짐승도 끼리끼리 정감 나누며 사는데

사람도 사람 냄새 맡고 살아야

몸도 마음도 좋다는 걸 알았다

그날부터 나는 틈날 때마다

사람들 곁으로 다가갔다

—「동거」 전문

"하루가 주머니 푼돈 줄어들듯" 허무하게 흘러갔는가 싶다는 표현이 재미있습니다. 그런데 하루를 알차게 보내려는 시인의 행동이 "혼자 사는 지인 집에" 방문하는 일임은 주목할 점입니다. 그의 존재론이 타인을 향한 관심과 사랑에서 발원하고, 그들에게 마음의 아름다운 자리를 마련하는 데 집중하는 것이 시적 전언이기도 함을 보여주기 때문입니다. 시인은 "아내와 사별한 뒤 말벗 그리워" 강아지를 키웠다는 이웃으로부터 살아가는 이치를 터득했노라 겸손하게 공을 돌립니다. 하지만 그는 이미 "미물인 짐승도 끼리끼리 정감 나누며 사는데/사람도 사람 냄새 맡고 살아야"하는 삶의 지혜를 몸소 행하고 있습니다. 진솔한 일상을 살갑게 풀어내는 김성렬의 시는 시인의 삶이 곧 실천하는 감성이자 현재형의 서정임을 알려줍니다.

4. 존재의의를 부여하는 노래

김성렬의 시가 가닿는 시선은 시인의 경험 안에 놓인 각양의 인물과 풍경입니다. "베트남 처녀와 결혼한 이듬해/연년생 아들 둘 낳"(「칭찬」)고 잘 살아가는 희락 저편엔, "동거 시작한 이듬해 아이 낳았으나" 시댁의 반대로 지금은 남자와 헤어져 혼자서 아이를 키우며 "사글세 부엌에 쭈그려 앉아 서럽게 우는 여자"(「미혼모」)의 비애가 존재합니다. "종점에서 출발한 첫차 놓치면 낭패"라서 "힐긋힐긋 손목시계를 보며 어떤 이는 커피로, 혓바닥 깔깔한 이는 뜨끈한 국물로 몸을 데우며 김밥을 사서 가방에 넣고 매일 그 시간에 정류장"(「입동(立冬)」)을 지키는 가장들, "보글보글 끓인 찌개며 텃밭에서 뜯어/참기름에 조물조물 무친 거섶들"(「밥상」)을 한 상 가득 시인에게 차려주는 친구의 노모, "새벽잠 털고 일어"나 "미로 같은 골목/구석구석 돌며"(「고물상」) 리어카에 고물을 싣고 나르는 노인, "혼주 친척처럼 설레발치며/축의금 봉투 슬쩍슬쩍 빼돌"(「하이에나」)리는 사기꾼들, "갈걷이 끝날 때까지 읍내 의원 전전하던 어느 날/첫차 타고 도시 병원에 도착한/구릿빛 촌부"(「병원 문턱은 높다」)에서부터 "툭하면 늦둥이 목말 태우고 자랑하러 동네 돌아다니는"(「계보」) 예순 넘은 남정네에 이르기까지, 김성렬의 시에는 그야말로 천태만상(千態萬象)의 인물들이 등장합니다. 비록 삶의 양태는 다양할망정 이들 대다수는 "남들 앞에 고백할 흉은 있지만/변변한 자랑거리 없는 사람들"(「마지막 외출」)이라는 특징이 있습니다. 소설가 김연수는 우리 은하계에만도 천억 개 이상의 별들이 있어서, 누구도 보지 못해 아직 밤하늘에 그 모습을 드러내지 못한 별들이 보이는 것보다 훨씬 더 많다고 들려줍니다. 그러니 어쩌면 시인이란 이름도 없이 흩어진 밤하늘의 별들과 같은 사람들을 관측함으로써 그들을 반짝이게 만드는 천문학자가 아닐는지요. 다음의 시는 이름을 붙여주는 행위의 의의를 잘 드러내는 작품입니다.

벽촌에 도착했더니

노인들뿐인 동네 수군거리기에

삽짝에 모인 노인에게 물었다

개들이 밤낮 동네 싸돌아다니며

가축들 물어가 쫓으면 되레 콧방귀 뀐단다

노인에게 개 주인들 물었더니

모두 유기견이란다

벽촌 노인들 용돈벌이 가축들

물어가는 건 괘씸하지만

배고픈 유기견들 탓할 수 없었단다

그로부터 먹이로, 믿음으로

유기견과 화해하느라 애먹었단다

그날 이후, 유기견들 모두

이름도 짓고 적적한 노인들

집집이 가족이 되었단다

—「화해」 전문

 키우는 가축을 물어가는 것이 괘씸도 하거니와, 벽촌의 노인들에게 유기견 무리는 무척이나 위협적입니다. 노인들이 유기견들과의 갈등을 봉합하기 위해 먹이를 줘가며 믿음을 가지고 기다린 것은, 그들에게 나이가 주는 혜안이 있어서겠

지요. 노인들이 믿은 대로, 결국 순해진 개들은 적적한 노인들의 가족이 되어 이름을 얻었다고 합니다. 유기견들과 공생하며 살아가는 노인들 모습은, 세월에 육신이 마모되는 대신 그들이 터득한 삶의 순리를 보여주는 장면입니다. 여기서 노인들이 개들에게 '이름'을 지어주었다는 것은 하나의 상징으로 다가옵니다. 이름을 얻는 순간, 무리의 개들은 개별적으로 구별되면서 부르는 사람과의 유대감을 강화합니다. 그러나 다음 작품은 시인이 미처 이름 붙여 노래하기도 전에 어두운 우주 속으로 사라진 누군가에 대한 회한이 담겨 있습니다.

>해가 떴는지 지는지
>어두컴컴한 골방에 파묻혀
>뭔가 끄적이다 보면
>그리운 이름들 잊어버릴 때가 있다
>뒤란에 꽃은 피는데
>이렇게 하얗게 늙어도 되느냐
>내게 되묻는 밤
>그가 세상 떠난 며칠 뒤
>지인에게 절절한 문자를 받고
>내가 너무 무정히 대했나 싶기도 해서
>별을 올려다보며 무작정 걸었다
>가슴이 너무 쓰리고 아파서

막차로 도착한 가장들 소주잔 비우는
포장마차 구석진 자리 앉았다
오랜 세월 동안 마음속에 머물던 한 사내를
한 마리 새 훨훨 날려 보내듯 보낸다
소주 한 병을 비울 즈음
달그락달그락 설거지 소리 들릴 때
밖으로 나와 하늘 올려다보니
별꽃이 지고 있었다
이제 곧 새벽을 가르며
종점에서 출발한 첫 버스가 출근길
승객들 태우러 오겠다

―「별꽃이 지는 이유」 전문

   시인은 세상을 떠난 "한 사내"의 메타포로 "별꽃"이라는 합성어를 사용합니다. 별과 꽃은 사물의 외적인 닮음을 의미하기에는 거리가 상당합니다. 이 둘은 외적으로는 이질성을 지니고 있더라도 내재적으로 모종의 유사성이 있는데, 이는 시인의 무의식적 상상력이 발휘된 까닭입니다. 다시 말해 사내가 별꽃이라 빗대는 심리에는 세 가지 이유가 겹쳐 있습니다. 첫째, 그 사내는 밤하늘의 이름 없는 뭇별들 가운데 하나였다는 인식입니다. 그는 시인이 "내가 너무 무정히 대했나" 자책할 정도로 누구의 관심도 받지 못한 존재였던 걸로 여겨집니다. 둘째, 그 사내가 별꽃인 데는 김춘수의 "내가 그의 이름을 불러주었을 때/그는 나에게로 와서/꽃이 되"는 인식론적 대상이라는 시인의 자각이 존재합니다. 하지만 그 사내는 시인이 인식하지 못함으로써 존재론적 가치를 부여받지 못한 채 유성처럼 지구의 궤도를 벗어나 낙화하고 말았습니다. 이것이 별꽃이 사내를 은유하는 세 번째 이유입니다.

  시인은 그가 "오랜 세월 동안 마음속에 머물던 한 사내"였다고 고백합니다. 마음속에 머문다는 자체가 대상에 대한 인식에 해당하므로 앞서 세 번째 이유는 논리적으로 어긋나는 것 같습니다. "그가 세상 떠난 며칠 뒤/지인에게 절절한 문자를 받"았다는 사실에 미루어, 시인이 사내와 소원했던 이유가 있는지도 모릅니다. 시의 문맥만으로는 알 수가 없습니다. 그렇더라도 시인은 누군가를 마음속에 오래 머물게 한 데 그치지 않고 '그의 이름을 불러주는' 관계성으로 나아가야 대상에 대한 진정한 인식에 도달한다고 생각합니다. 따라서 "포장마차 구석진 자리 앉"아 "한 마리 새 훨훨 날려 보내듯" 사내를 애도한 시간은 지극히 당연하게도 시로 탄생합니다. 이미지가 상이한 별과 꽃의 내재적 유사성을 통해 사내를 별꽃이라는 메타포로 이름 지음은 단순한 수사가 아니라 대상에 특별한 존재의의를 부여하는 일입니다. '별꽃'은 사내에 대한 시적 자아의 진정성이 느껴지는 메타포입니다. 대상에 의미를 부여하는 이러한 인식적 과정을 통해 시인은 고통과 번민의 정념인 회한을 초극합니다. "별꽃이 지고" 나면 이제 곧 새벽을 가르며 종점에서 출발한 첫 버스가 출근길의 승객들을 태우러 달려올 터입니다. 시인이 굳이 시의 제목을 '별꽃이 지는 이유'라 못 박은 이유도 회한의 정념을 내적 의지로 초극하려는 결연한 의지에서 비롯합니다.

김성렬의 시에서 대상에 대한 사랑은 특별하고 고귀한 것이라기보다 이해하고 어울려 살아가는 일상적이고 보편적인 삶 속에 내재합니다. 그는 오늘도 "운동복 걸치고 슬리퍼 질질 끌며/삼거리 식당 밥 먹으러 어정어정 걷"다가 "대문 앞에 햇볕 쬐는 이웃집"을 만나면 "반갑게 꾸뻑 인사를"(「봄」) 하겠고, "그날이 그날처럼 따분해/동네 구석구석 한 바퀴 돌아본 오후/무료함 달래려 티브이 켜고/소녀 가장이 출연한 〈동행〉이라는 방송"을 시청하다가 소녀의 깊은 효심에 감동해서 "비록 적지만 소녀 가장에게/도움의 손길을 보"(「토요일」)태며 살아갈 것입니다. "내일도 오늘처럼 욕먹지 말고 죄짓지 말고 살자! 다짐하"(「꿈」)는 시인은, 세상을 "찡그린 눈"으로 바라보지 않고 "눈웃음 지으며 바라보"(「마음의 눈」)는 사람입니다. 합리주의에 찌든 현대인들의 사고방식으로 본다면 그는 절대적으로 어리석은 사람입니다. 그러나 비합리성이 합리성에 비해 열등한 가치를 지닌다고 믿는 우리의 자가당착을 비추는 김성렬 시의 거울은 눈이 부시도록 맑고 투명합니다. "구세군 종소리"에 이끌려 빨간 자선냄비 속에 지폐 접어 넣고 돌아선 시인의 작은 정성이 "혹한 속 주머니 헐렁한 사람들 가슴"(「종소리」)을 데우듯, 그의 시는 우리의 차디찬 마음에 온기를 가져다줍니다. 사랑은 인간 '밖'에 존재하는 것이 아니라 인간 '안'에 존재하는 것임을 매 순간, 온몸으로 실천하며 말입니다. 그런 김성렬의 세계관이 고스란히 함축되어 있는 눈부시도록 아름다운 시 한 편이 제 품속에 날아들었습니다. 그 시를 이 시집을 읽을 독자들과 함께 공유하면서 글을 맺습니다.

    나비 한 마리
    꽃밭 속으로 들어간다

    아니, 나비는 날아서 가는 게 아니라
    눈부신 하얀 천 두르고
    살랑살랑 춤을 추듯 들어간다

    날갯짓이 춤이 되려는 순간
    소낙비 쏟아진다

    어쩔 줄 몰라
    꽃잎 위에 풀썩 주저앉는다

꽃잎 위에 빗물 홍건한데

아랑곳하지 않고

소낙비 후드득후드득 쏟아진다

꽃밭에서 꽃밭으로

이승에서 이승으로

훨훨 날고 싶은 나비의 꿈

날개의 무늬는

물에 젖지 않는다

—「나비의 꿈」전문

시인동네 시인선 226

가족의 그늘
ⓒ 김성렬

초판 1쇄 인쇄	2024년 2월 22일
초판 1쇄 발행	2024년 2월 29일
지은이	김성렬
펴낸이	김석봉
디자인	헤이존
펴낸곳	문학의전당
출판등록	제448-251002012000043호
주소	충북 단양군 적성면 도곡파랑로 178
전화	043-421-1977
전자우편	sbpoem@naver.com

ISBN 979-11-5896-633-1 03810

*이 책의 판권은 지은이와 문학의전당에 있습니다.
*양측의 서면 동의 없는 무단 전재 및 복제를 금합니다.
*잘못 만들어진 책은 바꿔드립니다.